Unsere Fibel

von
Horst Bartnitzky
und
Hans-Dieter Bunk

Grafik:
Angela Paysan

Ernst Klett Schulbuchverlag

Zum Vorlesen

Wie die Tiere einmal lesen wollten

Mitten auf einem Bauernhof lag einmal ein aufgeschlagenes Buch. Da kam eine Katze über den Hof gelaufen. „Oha“, dachte sie, „da liegt ja ein aufgeschlagenes Buch. Vielleicht kann ich darin ein wenig lesen.“ Sie lief zu dem Buch hin, setzte sich auf die Hinterpfoten und schaute angestrengt auf die vielen Striche und Kringel in dem Buch.

Die Katze maunzte: „Miau, miau,
da steht miau, ich seh’ es genau!“

Da kam ein Schwein über den Hof gelaufen. „Oha“, dachte es, „da liegt ja ein aufgeschlagenes Buch, und die Katze liest darin. Was die Katze kann, das kann ich schon lange.“ Es lief zu dem Buch hin, setzte sich auf seinen Schweinepo neben die Katze und schaute angestrengt auf die schwarzen Striche und Kringel in dem Buch.

„Oi, oi, oi, oi“, grunzte das Schwein,
„oi, oi, oi, oi, so muß es sein!“
Die Katze maunzte: „Miau, miau.
Da steht miau, ich seh’ es genau!“

Das hörte der Hahn. Er sah die Katze und das Schwein vor dem aufgeschlagenen Buch sitzen und hörte sie miauen und grunzen. „Oha“, dachte der Hahn, „die lesen in dem Buch. Das muß eine spannende Geschichte sein.“ Er flog zu dem Buch und drängte sich zwischen Katze und Schwein. Angestrengt schaute der Hahn auf die schwarzen Striche und Kringel im Buch und hörte, was die anderen Tiere lasen.

Da krähte der Hahn: „Das stimmt doch nie,
da steht nur kikeri kikeri ki!"
„Oi, oi, oi, oi", grunzte das Schwein,
„oi, oi, oi, oi, so muß es sein!"
Die Katze maunzte: „Miau, miau.
Da steht miau, ich seh' es genau!"

„Für jeden steht etwas anderes da!" grunzte ärgerlich das Schwein. „Nur schwarze Striche und Kringel", krähte der Hahn. „So ein dummes Buch!" maunzte die Katze.

Ein Mädchen kam über den Hof gelaufen. „Da liegt ja mein Buch!" rief es. Das Mädchen nahm sein Buch und setzte sich damit auf einen Baum. Die Tiere waren neugierig, was jetzt weiter geschehen würde. Sie scharten sich um das Mädchen und spitzten die Ohren. Das Mädchen freute sich über die Zuhörer, und es las laut das Märchen von den Bremer Stadtmusikanten vor. Der Hahn reckte sich stolz, als er hörte, wie in dem Märchen ein Hahn die Räuber entdeckte. Und die Katze funkelte mit den Augen, als im Märchen die Katze die Räuber vertrieb.
Als das Mädchen zu Ende vorgelesen hatte, rief der Hahn: „So eine schöne Geschichte!" Die Katze dachte: „Wer hätte das den schwarzen Strichen und Kringeln angesehen." Und weil den Tieren das Märchen so gut gefallen hatte, miaute die Katze, quiekte das Schwein und krähte der Hahn. Das war ein Konzert, mindestens so schön wie die Musik der Bremer Stadtmusikanten.

Dann riefen die Tiere im Chor:
„O bitte, lies uns noch was vor!"

Und wenn die Tiere wieder ganz still geworden sind, hat ihnen das Mädchen vielleicht noch eine Geschichte vorgelesen.

komm Tim

CAFE
Sparkasse
RADIO
Schule
POST
TAXI
Komm in den Zoo!

i

Tim
Timi

Tim im

Tim im

m

Tim
im

O

Omi

o

Tim
Timo

T Tim t komm kommt

M a

Mama
Mami

Fifi

komm Fifi

komm

ein Foto

ein Foto mit Oma

F Foto f Fifi ein

Lilo, komm mal,

ein Foto,

ein Foto mit Mama!

O, ist das Mama?

Lilo, das ist Mama,

das Foto ist alt!

L l

Lilo ist das

Timo, ist das Lilo?

Tim, das ist kein Kilo.

Timo, ist das ein Lamm?

Tim, das ist mein Kamm.

Lamm und Kamm
und kein und mein!

Lilo, Kilo, das ist fein!

K Lamm Kamm   k ein kein   und

N n Nina ei nein ich

Au Auto

au lauf

Tim malt ein Auto.
Timo malt Nina
und ein Seil.
Ali malt Ali.
Lilo malt Tim an.
Nein, Lilo, so nicht.

A Ali

S Seil

s so

Ali malt Ali
und eine Sonne
und einen Esel.
Einen Esel?
Nein, nicht einen Esel.
Ali malt seinen Esel.

Ali
und sein Esel

E e Esel einen

Kara, Kara,
komm raus!
Ali reitet
auf seinem Esel.
Lauf, Kara, lauf!

r

	aus
reiten	raus

Lauf los, mein Esel!
Kara, lauf!
ruft Ali.

Ali ist ein toller Reiter.

Ali, Ali,
fall nicht runter!

R	Reiter

u	ruft runter

Tim reitet auf Ali.

Lauf, Ali, lauf!

Ali rennt.

Uli rennt.

Iris ruft:

Nein, nicht!

Ein Unfall!

U

Ali
Uli

I

Iris

Tim reitet
auf seinem Esel.

Ein Elefant
tanzt im Kreis.

Iris und Lilo
tanzen
auf einem Seil.

Z Zirkus

z tanzen
tanzt

Ist das ein
Zirkus!

Mutti ruft Timo:

Timo, lauf bitte zum Markt und kaufe ein.

Nimm meinen Zettel mit.

Ich kann alles lesen, Mutti.

B	Brot Butter	b	Trauben bitte

Timo soll zum Markt.

Tim ruft:

Timo, warte, ich komme mit!

Tim, wo ist mein Zettel?

O, mein Zettel ist fort.

Sollten wir Brot kaufen?

Und Wurst?

Tim und Timo

wissen es nicht.

Was nun?

Was tun?

W Wurst

w wo
was
warten

Ananas, feine Ware!
Blaue Trauben!
Reife rote Tomaten!
Salat, Salat! Wer kauft Salat?
Zarte Birnen sind für mich gerade richtig!
Kauft Birnen und Bananen!
Kartoffeln
ÄPFEL
DM -.75
3 Rosen DM 5.-
Bund

Auf dem Markt

Komm, Timi, da kaufen wir
Birnen und dort den Salat.

Was darf es sein, meine Dame?
Ein Kilo Birnen.
So, bitte, meine Dame.
Was darf es nun sein?
Das ist alles, danke.

Fifi will nicht weiter.
Ein Duft ist in seiner Nase.

D — Dame, Duft

d — da, danke, dort

Opas Paket

Post, Marko, Post!
Opas Paket ist da!

O prima!
Was ist drin, Iris?

Ein Rabe!
Das ist mein Rabe Pit!

Und was ist das?

P Post, Paket

p Opa, prima

Hoppel ist krank

Aua, au, mein Bein!

Pit, komm mal bitte!

Kannst du mir helfen?

Hoppel, armer Hase Hoppel!

Warte, ich helfe dir.

So!

Bald wird dein Bein heilen.

Danke, Doktor Pit!

H Hase

h helfen
heilen

Kater Paul und Fifi

Kater Paul will sich
in den Garten legen.
Er legt sich in das Gras.
Wenn nur der Fifi nicht da ist.
Hunde kann er nicht gut leiden.
Den Fifi mag er gar nicht.

G Garten Gras

g gut legen legt

Fifi wacht auf.
Eine Katze ist im Garten.
Das ist gar keine Katze.
Das ist der freche Kater.
Der faucht auch noch!
Ob der meinen Knochen will?
Fifi rennt los. Er bellt.
Kater Paul macht einen Satz.

ch

Knochen
machen
frech

tz

Katze
Satz

Vor dem Fernseher

Vater und Nina
sehen einen Film
vom Amazonas.

Dort gibt es einen bunten Vogel,
der ist kleiner als ein Daumen.
Es ist ein Kolibri.
Er flattert von Blume zu Blume.
Der Kolibri saugt Honig
aus den Blumen.

V	Vater Vogel	v	von vom

Im Zoo

Nina und Vater gehen in den Zoo.
Auf einer Wiese
sind viele Tiere.
Man darf sie anfassen.
Im Vogelhaus
sehen sie Kolibris.
Nina sagt:
„Auch bei uns
gibt es also Kolibris."

ie Wiese
Tier

Tim hat Geburtstag

Viele Kinder kommen.
Alle bringen ein Geschenk mit:
ein Schiff,
das schwimmen kann,
ein Buch,
eine Tafel Schokolade.
Lilo bringt buntes Papier.
Iris bringt Kleber und Schere.

Kommt Nina nicht?
Und Ali?

Sch Schere Schokolade

sch Tasche schwimmen

Und wer im Januar geboren ist,
tritt ein, tritt ein, tritt ein …
Lilo denkt:
Wann habe ich Geburtstag?
Im Juni oder im Juli?

Da ist ja schon der Juni dran.
Lilo tritt in den Kreis.
Sie dreht sich schnell.

Oder habe ich doch
im Juli Geburtstag?

J

Januar
Juni
Juli

j

ja

Am Morgen

„Guten Morgen, Lilo."
Es ist noch früh.
Lilos Eltern sind schon in der Küche.

Lilos Vater geht
um sieben Uhr
zur Arbeit.

„Es ist gleich acht Uhr, Lilo.
Wir müssen los."
Lilos Mutter geht
bis zur Schule mit.
Dann geht sie weiter zum Büro.

ü

Küche
Büro
früh

Am Abend

Es ist Abend. Lilos Mutter ruft:
„Lilo-Maus,
komm essen!"
„Wie schön!
Es gibt Brötchen!"

„Wo ist mein Bär?
Ohne Bär kann ich nicht schlafen.
Lieber Bär, wo bist du?"

„Mach doch keinen Ärger, Lilo.
Dein Bär schläft sicher schon
und kann dich gar nicht hören."

ö	schön Brötchen	Ä	Ärger	ä	Bär

Fleißiges Lieschen

Nina mag Blumen.
Am liebsten hat sie
das *Fleißige Lieschen.*

Nina meint:
Das *Fleißige Lieschen*
hat den richtigen Namen.
Keine andere Blume
blüht so fleißig.

1. Das Fleißige Lieschen hat es gerne warm.
2. Man muß das Fleißige Lieschen gut gießen. Aber es darf auch nicht zu naß sein.
3. Wenn man einmal in der Woche düngt, blüht es besonders fleißig.

ß

fleißig
naß
gießen

Nina hat einen Topf
mit einem *Fleißigen Lieschen.*
Sie pflegt es gut.
Iris möchte auch
ein *Fleißiges Lieschen* haben.
Nina weiß,
wie man es vermehrt.

Nina schneidet einen Zweig
von der großen Pflanze ab.
Er kommt in ein Glas mit Wasser.
Schon nach einer Woche
hat er kleine Wurzeln.

Nach zwei Wochen pflanzt Nina
das Lieschen in einen Topf.
Sie pflegt es
wie ihr großes Lieschen.

Pf   Pflanze

pf   Topf
pflegen

Ein lustiges Spiel

Kräht da ein Hahn?
Tims Mutter macht die Tür
einen Spalt weit auf:
Lilo hüpft wie ein Hase.
„Mama, wir spielen
ein lustiges Spiel!
Das macht Spaß!
Willst du mitspielen?“

Sp Spiel Spaß

sp spielen

Tim erklärt das Spiel

Jeder Spieler hat einen Stein.
Der Stein wird auf den Start gelegt.
Dann wird gewürfelt.
Kommt ein Spieler auf ein rotes Feld,
nimmt er eine Karte vom Stapel.
Darauf ist das Bild von einem Tier
und eine Aufgabe.

St — Start, Stein, Stapel

st — steigen, stehen

Ein Lastwagen bringt Bäume

Vor dem Haus
steht ein Lastwagen.
Darauf liegt ein Baum.
Nein, das sind viele kleine Bäume!

Nina fragt die Männer:
„Was macht ihr mit den Bäumen?"

„Die pflanzen wir vor die Häuser,
damit es hier grüner wird."

äu

Häuser
Bäume

Basteln

Tim, Nina und Lilo
basteln in einer Ecke.
Sie malen Schachteln bunt an.
Wenn die Farbe trocken ist,
wollen sie Türen und Fenster aufmalen.

Ali malt seine Schachtel weiß an.
„So sehen die Häuser in der Türkei aus."

Nina bastelt Bäume.
„Die pflanze ich vor die Häuser,
damit es grüner wird."

ck

Ecke
trocken

Zwei Köche

Ali und Timo sind Freunde.
Sie machen vieles zusammen.
Sie sind zusammen traurig.
Sie freuen sich zusammen.
Heute sind sie zusammen hungrig.

Timos Mutter ist nicht da.
Das macht nichts.
Ali und Timo machen sich gern
selbst etwas zu essen.
Und schon haben sie eine Idee.

---

eu

Freunde
heute

Ein kleines Paket
Quark in eine Schüssel
geben. Schnittlauch
und Petersilie klein
schneiden. Ein Stück
Gurke ganz klein
würfeln. Alles
verrühren und mit
etwas Salz
abschmecken.

Ali und Timo wollen
deutsch-türkischen Quark machen.
Den haben sie erfunden.
Da kommt Timos Mutter wieder.
„Na, macht ihr wieder Quatsch?"
Ali antwortet:
„Nein, wir quatschen nicht,
wir quarken."

Qu	Quark Quatsch	**qu**	quatschen

Im Lexikon lesen

Timo hat einen großen Bruder.

Sein Bruder heißt Axel.

Axel hat ein Lexikon für Kinder.

Schön sind die Bilder von Afrika.

Timo findet ein Foto und liest:

New York
New York (sprich: Nju Jork)
ist eine große Stadt in Amerika.
Dort stehen viele Wolkenkratzer.

Dann liest er:

das Taxi
Mit einem Taxi kommt man schnell
durch die Stadt.

Was ein Taxi ist, weiß Timo.

Y	New York Yak	X	Lexikon Taxi

Timo blättert weiter.
So ein Tier hat er
noch nie gesehen.

Er liest:

der Yak
Der Yak lebt in Asien.
Er ist ein Rind.
Sein Fell hat lange Haare.
Er trägt Lasten und
gibt Milch.

Dann sieht Timo
ein Musikinstrument.
Das hat er schon gespielt.

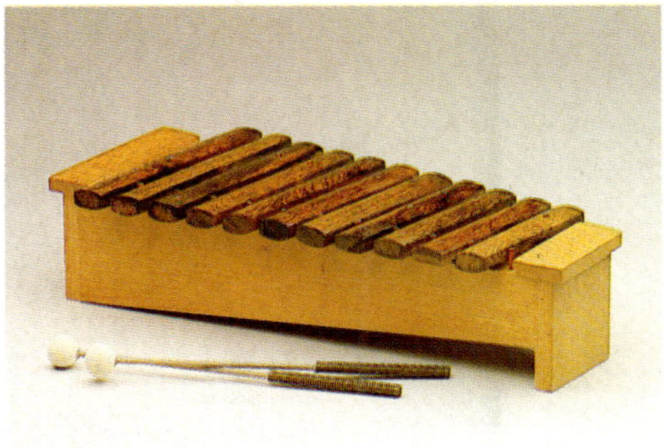

das Xylophon
Das Xylophon ist ein Musikinstrument
aus Holz. Man klopft mit einem Schlegel
auf die Stäbe. Jeder Stab klingt anders.

X y ph

Xylophon

Auf dem Schulhof
steht ein Zirkus.

Kinder sind die Artisten.
Kinder spielen auch die Tiere.
Kinder singen im Chor
und spielen in der Zirkus-Kapelle.

Die Kapelle spielt einen Tusch.
Der Chor singt das Zirkuslied.
Jetzt geht es los.

Ch Chor

Kinder tanzen auf dem Seil.
Der Zauberer Carlo zaubert.
Sechs Clowns kommen
in die Arena.
Keiner weiß, wer Tim ist
oder Timo, Iris, Nina,
Ali oder Lilo.
Alle meinen:
„Klasse
waren unsere Clowns
aus der ersten Klasse!“
„Richtig erste Klasse!“

C

Carlo
Clown

Aus Tante Trines alter Tonne tröpfeln tausend Tropfen:

Fischers Fritz fischt frische Fische,
frische Fische fischt Fischers Fritz.

Zum Nachsprechen und Fingertrommeln

Mi – Ma – Mause – 
komm aus dem  heraus.
Mi – Ma – Mause – 
komm in mein 
Miau, miau, miau.

O nein, Ki – Ka –
ich kenne deine 

Oder die Maus sagt:

Ich komm heraus aus meinem 
Ki – Ka –  , fang mich doch!

Zum Nachsprechen, zum Spielen im Kreis

 mit  im  im 

Zum Selberlesen ab Fibelseite 9

Ein Film mit 

Zum Selberlesen ab Fibelseite 12

alt

Lamm

Kamm

kalt

Auto

Mofa

Mann

Lok

Nina

Fifi

laut

klein

Kino

Zum Ansehen, Selberlesen
ab Fibelseite 15,
zum Suchen und Erzählen

Augen auf

Kein Fisch ertrinkt im Meer.
Kein Floh bricht sich ein Bein.
Doch wir, im Stadtverkehr,
wir müssen wachsam sein.

Zum Vorlesen und Nachsprechen

Nikolaus

Karten

Ihr Kinderlein kommet

Da liegt es, das Kindlein,
auf Heu und auf Stroh.
Maria und Josef
betrachten es froh.
Die redlichen Hirten
knien betend davor;
hoch oben schwebt jubelnd
der Engelein Chor.

Zum Nachsprechen, Singen

Der Winter ist da

A, a, a, der Winter, der ist da!
Herbst und Sommer sind vergangen,
Winter, der hat angefangen.
A, a, a, der Winter, der ist da!

E, e, e, wir laufen durch den Schnee,
wollen einen Schneemann bauen,
den soll nie die Sonne tauen!
E, e, e, wir laufen durch den Schnee.

I, i, i, nun fahren manche Schi,
schnallen sich die Bretter unter,
sausen dann den Berg hinunter.
I, i, i, nun fahren manche Schi.

O, o, o, wie sind wir Kinder froh!
Übers glatte Eis zu schlindern,
das gefällt doch allen Kindern.
O, o, o, wie sind wir Kinder froh.

U, u, u, jetzt weiß ich, was ich tu.
Hol den Schlitten aus dem Keller,
und dann geht es schnell und schneller.
U, u, u, jetzt weiß ich, was ich tu.

Zum Nachsprechen und Singen

Timo und Ali lesen

Timo! Timo!

Mama?

Timo, komm mal!

Ich lese mit Ali!

Komm, Timo!

Mama, ich lese mit Ali!

Komm, Timo, einkaufen!

O nein, Mama!

Ich komme mit, Timo!

Zum Selberlesen ab Fibelseite 17

lesen...

ZIRKUS MUSIK

mal *leiser,*
mal **laut.**

Eine Frau tanzt
auf einem S e i l
zu leiser Musik.

Elf Elefanten tanzen
zu **lauter Musik**

Ein Reiter kommt.
Er reitet
zu leiser, *leiser Musik*
lauter, lauter, immer **lauter,**
s o o o o o laut

Zum Selberlesen ab Fibelseite 21

Mantel, Bart und 7 Messer,
keiner kann das Rauben besser.

Krone, Kette und ein Kleid,
das ist rosa, rot und weit.

Korb mit Blumen, Wein und Brot,
blau das Kleid, die Kappe rot.

Rote Farbe, Adlerfeder,
Mokassins aus feinem Leder.

Zum Selberlesen ab Fibelseite 26

Alleine

Es ist Abend.
Brittas Eltern sind nicht da.
Es ist dunkel im Zimmer.
Britta ist allein.

„Wer weint denn da unten?“
Britta klettert aus dem Bett.
„O, Mummel. Weinst du? Warum denn?
Du bist so allein? Dann komm zu mir.“
Britta nimmt Mummel in den Arm.
„Und du Teddi? Willst du mit?
Und du, Dodo? Komm Pu!
Wulle, Ele und Nile kommt mit!“

Bald sind alle in Brittas Bett.
Britta nimmt alle in den Arm.
Es ist dunkel im Zimmer.
Aber keiner ist allein.

Zum Selberlesen ab Fibelseite 27

Morgens komme ich
bei einem Hund vorbei.
Der bellt immer so laut.
Dann habe ich
ganz doll Angst.

Zum Selberlesen ab Fibelseite 30

Zum Anschauen und
Selberlesen ab Fibelseite 31

Giraffen
Elefanten
00-Damen
00-Herren
Antilopen
Hasen
Tierwiese
Schlangen
Krokodile
Ziegen
Fische
Lamas
Pinguine
Flamingos

Uli rollt hinter Timo rollt hinter Ali rollt hinter Lilo rollt hinter

Zum Selberlesen ab Fibelseite 32

Rollschuhe rollen eine 8. Sie rollen einen Kreis. Sie rollen dann einen zweiten Kreis. Sie

Zum Selberlesen ab Fibelseite 32

Das Kaninchen

Kaninchen sind kleiner als Hasen. Sie leben in Wiesen und am Waldrand.

Viele Kaninchen wohnen mit anderen zusammen in einem Bau. Dort bringen sie ihre Jungen zur Welt.

Die Jungen sind bei der Geburt blind und sehen erst nach drei Wochen.

Vor Feinden fliehen Kaninchen in den Bau.

Der Feldhase

Feldhasen leben in Feldern. Sie haben besonders lange Ohren.

Feldhasen leben meistens allein. Am Tage liegen sie still in einer Mulde. Dort bringen sie auch ihre Jungen zur Welt.

Die Jungen haben bei der Geburt ein Fell. Sie laufen und sehen sofort.

Vor Feinden fliehen Feldhasen. Sie schlagen flinke Haken.

Zum Selberlesen ab Fibelseite 33

Der Osterhase

Osterhasen
gehen meist auf
den Hinterbeinen.

Sie leben dort, wo auch
Menschen wohnen.

Von klein auf gehen
Osterhasen in die Schule.
Dort lernen sie vor allem,
wie man Eier bemalt.
Dabei tragen sie Malerkittel.

Osterhasen haben keine
Feinde. Sie sind besonders
bei Kindern beliebt.

Osterhas, Osterhas,
komm mal her, ich sag dir was.
Laufe nicht an mir vorbei,
schenke mir ein buntes Ei.

Drei bunte Eier
in dem Nest,
die schenk ich dir
zum Osterfest.

Frühling

Herr Winter
geh hinter,
der Frühling kommt bald!
Das Eis ist geschwommen,
die Blümlein sind kommen,
und grün wird der Wald.

Herr Winter
geh hinter,
dein Reich ist vorbei.
Die Vögelein alle,
mit jubelndem Schalle,
verkünden den Mai!

Christian Morgenstern

Zum Selberlesen ab Fibelseite 35

Die Treppe

Thomas sitzt zur Mittagszeit über seiner Schularbeit.
Lottchen unten vor der Tür ruft hinauf: „Komm, spiel mit mir!“

Ja, sofort wird Thomas munter,
und er rennt die Treppe runter:

holter
polter
holter
polter
holter
polter

Hier macht er Frau Poser wach:
„Immer dieser Kinderkrach!“

holter
polter
holter
polter
holter
polter

Onkel Küfer murmelt böse:
„Jeden Mittag das Getöse!“

holter
polter
holter
polter
holter
polter

Unten ruft Frau Sauerwein: „Das kann nur der Thomas sein!“
Lottchen sagt: „So ein Getue wegen dieser Mittagsruhe!“

Hans Georg Lenzen

Zum Selberlesen ab Fibelseite 39

Lieber Dirk,
schreib mir mal!
Sandra

An Sandra!
Soll ich Dich
mal besuchen?
Dirk

Lieber Dirk,
ich frage meine Mama,
ob du zu mir kommen
kannst.
Grüße, Sandra

Liebe Sandra,
hast Du schon
gefragt?
Grüße, Dirk

Lieber Dirk,
kommst du mich heute
besuchen?
Viele Grüße, Sandra

Liebe Sandra,
ich komme.
Wollen wir eine
Bande machen?
Dirk

Zum Selberlesen:
S. 72 ab Fibelseite 42, S. 73 ab Fibelseite 47

Liebe Mutti ! Lieber Vati !

Da staunt ihr. Das kann ich jetzt auch. Paßt mal auf :

A B C D E F G H I J K L M N O P Q R S T U V W X Y Z

Das kann ich auch mit kleinen Buchstaben :

a b c d e f g h i j k l m n o p q r s t u v w x y z

Das war gar nicht so schwer.

Ich habe auch ~~nix~~ nichts kaputt gemacht.

~~Deine~~ Eure Daniela

Von A bis Z

Die **A**ffen turnen auf dem Baum,
den kleinsten Affen sieht man kaum.

Ein weiches Fell hat dieser **B**är,
auch ist er riesig groß und schwer.

Der **C**lown hat einen dicken Bauch
und spritzt mit einem Wasserschlauch.

Der **D**ackel dackelt hin und her.
Wenn Frauchen kommt, freut er sich sehr.

Der **E**sel läuft in raschem Trab
und wirft den armen Reiter ab.

Der **F**uchs hat keine Gans gestohlen,
drum wird ihn nicht der Jäger holen.

Die **G**ans, die schnattert froh und heiter,
sie schnattert morgen auch noch weiter.

Der **H**ahn steht oben auf dem Mist
und kräht, daß er der Größte ist.

Ein **I**ndianer schleicht umher.
Wo hat er nur die Federn her?

Der **J**äger sitzt in dem Versteck.
Er niest. Schon ist der Hase weg.

Vor einer Schüssel sitzt die **K**atze,
putzt sich das Schnäuzchen mit der Tatze.

Die **L**öwen schütteln ihre Mähnen.
Sie sehen müde aus und gähnen.

Warum die **M**aus so flitzen kann?
Sie hat die schnellsten Rollschuh an!

Ein **N**ilpferd schwimmt bei uns im Zoo.
Es ist kein Pferd, es heißt nur so.

Der **O**sterhase – sieh mal an –
besucht so gern den Weihnachtsmann!

Der **P**olizist kratzt sich am Kinn.
Wo ist denn nur der Räuber hin?

Die **Q**uallen schweben durch das Meer
wie Schirme, wie Glocken hin und her.

Der **R**äuber hat sich gut versteckt.
Doch hat der Kasper ihn entdeckt.

Die Ferkel trinken an der **S**au.
Zehn Ferkel sind es ganz genau.

Der **T**iger schleicht auf weichen Pfoten.
Ihn anzufassen, ist verboten.

Dem **U**hu ist es nachts nicht bang:
Er fliegt umher auf Mäusefang.

Auch der **V**ampir fliegt durch die Nacht.
Zum Glück ist er nur ausgedacht.

Das größte Tier – nun rate mal –
das schwimmt im Meer und ist ein **W**al.

Der Holzwurm liebt das **X**ylophon.
Es ist aus Holz, das weiß er schon.

Das **Y**ak gibt Milch, kann Lasten tragen
und zieht auch noch den Leiterwagen.

Die **Z**iegen springen leicht daher.
Doch meistens stinken sie auch sehr.

Der Regenbogen

Ein Regenbogen,
komm und schau!
Rot und orange,
gelb, grün und blau!

So herrliche Farben
kann keiner bezahlen,
sie über den halben
Himmel zu malen.

Ihn malt die Sonne
mit goldener Hand
auf eine wandernde
Regenwand.

Josef Guggenmos

Liebe Sonne

Liebe Sonne, scheine wieder,
schein die düstern Wolken nieder!
Komm mit deinem goldnen Strahl
wieder über Berg und Tal!

Trockne ab auf allen Wegen
überall den alten Regen!
Liebe Sonne, laß dich sehn,
daß wir können spielen gehn!

Hoffmann von Fallersleben

Ein Märchen-Rätsel

Es war einmal ein Esel,
der konnte goldene Taler machen.
Er hob nur seinen Schwanz,
und die Taler fielen hinten heraus.

Da kamen ein Hund, eine Katze
und ein Hahn vorbei.
Die sagten:
„Komm mit uns.
Dann haben wir immer genug Geld.“

Der Esel fragte:
„Wo geht ihr denn hin?“

Der Hund sagte:
„Dort hinter den 7 Bergen
wohnen 7 kleine Männer,
die wollen wir besuchen
und ein Fest feiern."

Da ging der Esel mit.
Auf dem Weg kauften sie
Brot, Hundekuchen, Heu und Fleisch,
damit alle etwas zu essen hatten.

Und für die 7 kleinen Männer
kauften sie ein Fahrrad
mit 7 Sitzen.

Das wurde ein Fest.

Krimi im Fernsehen

Nina hockt auf dem Sofa.
Sie hält ihren Teddy im Arm.

Aus dem Fernseher knallt und kracht es.
Ein Mann wird verfolgt.
Er stolpert.
Der zweite Mann kommt immer näher.
Er klettert über eine Mauer.
Der zweite Mann immer hinterher.
Der erste rennt in ein Haus.
Dann ist es dunkel.
Nichts ist zu hören.

Nina duckt sich in die Ecke des Sofas.
Sie drückt den Teddy ganz fest.

Plötzlich knallt und kracht es wieder.

Da kommt Ninas Vater ins Zimmer.
Er schaut gar nicht lange hin.
„Das ist nichts für Kinder“, sagt er.
Und dann schaltet er den Fernseher aus.
Nina mault.
Vater sagt: „Und für den armen Teddy
ist das erst recht nichts.“

10.45 Sendung mit der Maus

Die Maus zeigt einen Film vom kleinen Maulwurf und ein Lied vom Trampeltier. Natürlich ist die Maus nicht allein: Der kleine blaue Elefant ist wieder dabei.

14.10 Wir beobachten Eichhörnchen

Aus der Reihe „Tierfilme":
Diesmal wurden Eichhörnchen mit der Kamera beobachtet. Sie sind fast überall auf der Welt zu Haus und werden schnell zutraulich.

16.04 Löwenzahn

Warum regnet es? Wo bleibt das Wasser? Wie entsteht ein Fluß? Das alles untersucht Peter Lustig in der neuen Löwenzahn-Folge.

16.55 Spaß am Dienstag

Drei Trickfilme sollen heute Spaß machen. Darin erleben Micky Maus, Pluto und Donald Duck die tollsten Abenteuer.

Bammel ruft Bozzo

Bammel muß zum Bäcker. Doch vorher holt er beim Nachbarn den Bozzo ab, einen struppigen Hirtenhund, den er gelegentlich ausführen darf. Vor dem Bäckerladen bindet er Bozzo an. Der Laden ist voll, und Bammel muß warten. „Ein Landbrot, bitte“, ruft er, als er endlich an der Reihe ist. Aber er wird nicht gehört.
„Ich krieg nur zehn Brötchen“, ruft eine Frau und drängt sich vor. Und dann drängt sich noch ein älterer Mann vor, der fünf Päckchen Salzstangen haben will. Und zu Bammel meint er begütigend:
„Du hast ja Zeit, Kleiner!“
Da verläßt Bammel den Laden und kommt Sekunden später mit seinem struppigen Freund zurück. „Laß mich mal eben vor“, sagt jetzt eine Frau, die sich zu Bammel niederbeugt.
„Sicher hast du schon warten gelernt!“
„Vielleicht“, sagt Bammel. „Aber nicht mein Hund. Und der möchte, daß ich endlich mein Brot bekomme!“

Hans Stempel
Martin Ripkens

Sofie hat einen neuen Pullover

Oma hat Sofie einen Pullover geschenkt.
Er ist knallrot und hat einen Rollkragen.
Sofie findet den Pullover schön.
Die werden in der Schule staunen!

Auf dem Stuhl sitzt sie ganz gerade,
damit man den Pullover auch gut sieht.

In der Pause spielt sie nicht mit,
damit der Pullover nicht schmutzig wird.

Aber keiner sagt etwas,
nicht mal Frau Heinrich, ihre Lehrerin.

Am nächsten Tag will sie den Pullover
nicht mehr anziehen.
„Du spinnst wohl“, sagt Sofies Mutter.
„Nein, ich spinne nicht“, sagt Sofie,
„keiner mag den Pullover.“
„Wieso?“ fragt Mutter.
„Keiner hat was gesagt.“
„Hör mal“, sagt Mutter, „du hast mir
doch erzählt: Olli hat so schöne neue Stiefel.
Hast du ihm was dazu gesagt?“
„Nein“, sagt Sofie.

Peter Härtling

Ich heiße Jens
und habe eine Schwester,
die heißt Katrin.
Immer, wenn ich in der Schule bin,
fährt meine Mama Taxi.
Sie ist Taxifahrerin.

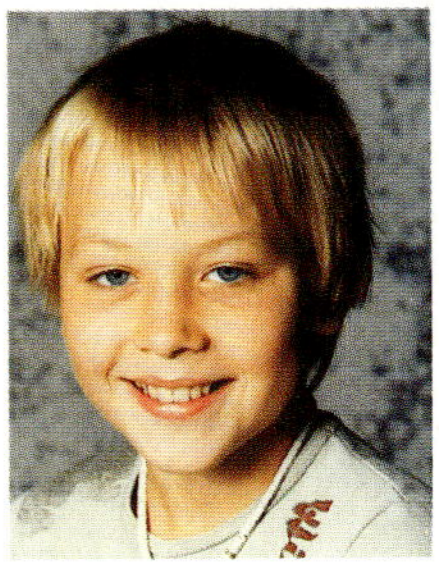

Morgens muß ich um 5 Uhr aufstehen. Dann schlafen Jens und Katrin noch.

Katrin ist 12 Jahre alt. Sie muß um 7 Uhr den Wecker hören. Dann fahre ich schon Taxi.

Ich kenne fast alle Straßen in unserer Stadt. Der Fahrgast sagt: „Zur Grünstraße, bitte!“ Jetzt muß ich wissen, wie ich rasch dorthin fahren kann.

Meine liebsten Fahrgäste sind Jens und Katrin. Manchmal hole ich sie von der Schule ab. Sie fahren dann natürlich umsonst.

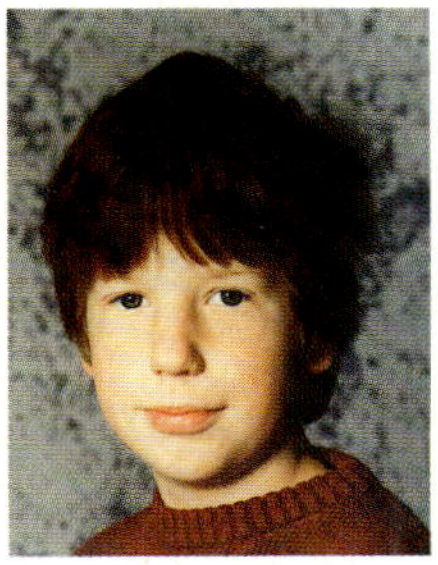

Ich heiße Mario und bin Italiener.
Aber ich bin schon
in Deutschland geboren.
Mein Vater hat eine Pizzeria.
Er backt die leckersten Pizzas,
die es gibt.

Ich backe Pizzas – jeden Tag von mittags bis abends. Oft muß ich auch nachts arbeiten.

Um 12 Uhr kommen die ersten Gäste. „Bitte einmal Pizza tonno“, sagt eine Frau.

Pizza tonno – das ist die Pizza mit Thunfisch. Ich mache einen dünnen Pizzaboden, bestreiche ihn mit Tomatensoße, lege Salami und Thunfisch darauf.

Nach ein paar Minuten nehme ich die fertige Pizza aus dem Ofen. Manchmal besucht mich Mario. Er ißt am liebsten eine Pizza calzone.

Das bin ich

Ich heiße Jan.
Ich bin
7 Jahre alt.

Ich kann schon

einkaufen gehen
das ABC aufsagen
Rollschuhe fahren
eine Schleife binden

Ich freue mich

wenn wir einen Ausflug machen
wenn ich mit meinem Hund toben kann

Ich mag nicht

wenn es blitzt und donnert
wenn meine Eltern streiten

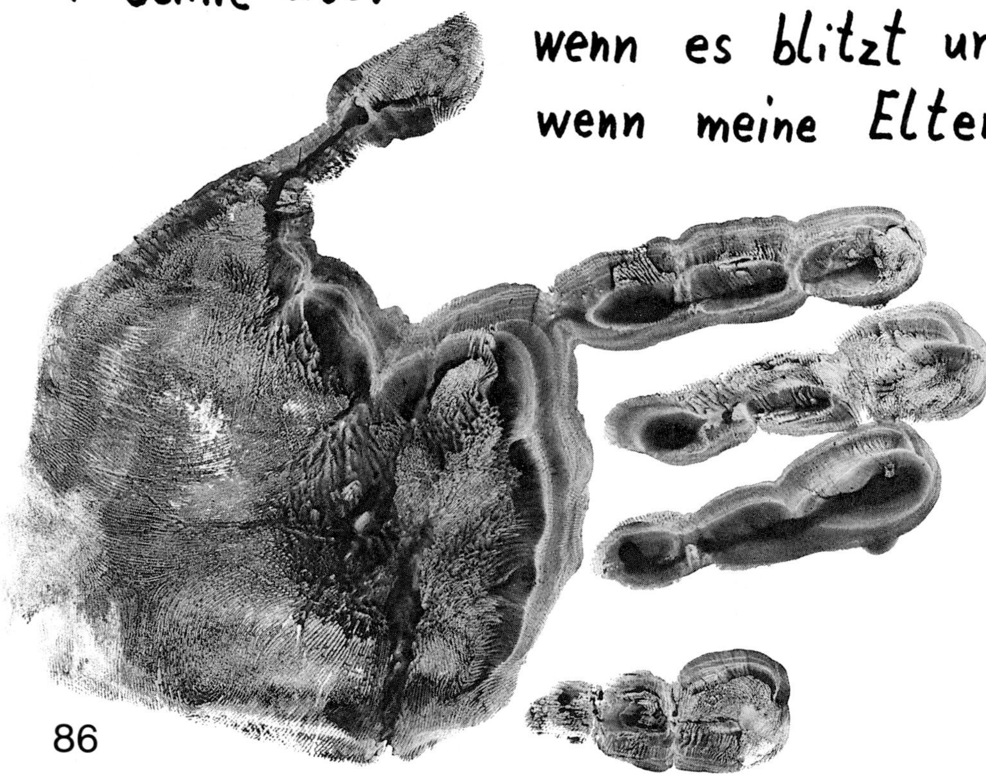

Ich heiße Daniela.
Das ist mein Lieblingstier.
Es ist ein Hase.
Mein Hase heißt Schnuck.
Ich habe ihn schon lange.

Ich heiße Stefan.
Das ist mein Bär
Er kann brummen.
Darum nenne ich ihn
Brummpa.

Ich heiße Ernesto.
Mein großer Bär heißt Ben.
Manchmal ziehe ich ihm
Windeln an.
Dann kann er nicht
in mein Bett machen.

Ein Hund ist eben ein Hund

Da war mal ein Dorf, in dem lebten Menschen und Pferde und Kühe und Ziegen und Enten und Katzen und Hunde.

Ein Mädchen im Dorf hatte einen Hund, der war noch sehr klein. Er wußte noch nicht richtig, wer er war.

Er machte es wie die Menschen und legte sich ins Federbett. Aber er war kein Mensch, und die Bäuerin jagte ihn raus.

Er lief hinter den Kühen her auf die Weide und kaute Gras.
Vielleicht bin ich eine Kuh,
dachte der kleine Hund.
Doch er war keine Kuh, und von dem Gras wurde ihm schlecht.
Eine Weile war der kleine Hund unglücklich.

Er sah die Ziegen und rannte zu
ihnen hin.
Vielleicht bin ich eine Ziege,
dachte der kleine Hund.
Er machte hohe Sprünge und rannte
mit den Hörnern gegen einen Baum.
Weil er aber gar keine Hörner hatte,
holte er sich eine Beule am Kopf.
Eine Ziege war er also auch nicht.

Er lief auf die Wiese und machte es
wie die Pferde.
Vielleicht bin ich ein Pferd,
dachte der kleine Hund.
Er schüttelte seine Mähne und
stampfte mit den Hufen auf.
Da wieherten die Pferde, lachten ihn
aus, und er schämte sich.
Er war kein Pferd.

Ich mach es wie die Enten,
dachte der kleine Hund.
Er sprang in den Teich und ging unter. Mühsam strampelte er sich ans Ufer zurück. Eine Ente war er wohl auch nicht.

Aber irgendwas muß ich doch sein!
dachte der kleine Hund.
Vielleicht eine Katze? Er versuchte zu schnurren. „Miau“, wollte der kleine Hund sagen. Doch er sagte: „Wau!“ Und das gefiel ihm so gut, daß er gar nicht mehr aufhören konnte. „Wau, wau!“ bellte er und er wußte:
Ich bin ein Hund!
Und er rannte im Dorf herum und bellte und freute sich, und alle lächelten ihm zu.

Gina Ruck-Pauquèt

Bumfidel dichtet

Bumfidel hat das Dichten entdeckt.
Vor allem dichtet er, wenn die Mutter das Licht ausgemacht hat und er noch nicht einschlafen kann.

Zum Beispiel:
Schlangengift und Mäusebrut
schmecken kleinen Kindern gut.
Oder:
Großer Schreck – Vogeldreck,
eins zwei drei und du bist weg.
Oder:
In der Nacht hat's gekracht,
davon bin ich aufgewacht.
Oder:
Auf dem See steht ein Reh,
juckt sich da am großen Zeh.
Oder:
Jeder Gimpel
ist ein Zimpel.

Bumfidel erntet viel Lob für seine Gedichte,
wenn er sie am Morgen in der Schule auswendig vorträgt.
Nicht während des Unterrichts. In der Pause natürlich.
Aber die Kinder fragen auch.
Das Mädchen, das neben ihm sitzt, erkundigt sich:
„Ist ein Gimpel ein Vogel?"
Bumfidel nickt.
„Und ein Zimpel? Was ist das?"
Bumfidel sagt: „Das ist ein Reim."

Marieluise Bernhard-von Luttitz

Freunde

Es war einmal ein Kind, das war lange krank, und da seine Krankheit ansteckend war, durfte niemand es besuchen. Natürlich war das Kind sehr traurig, und natürlich langweilte es sich.
Doch als es sich eine Weile in seinem Zimmer umgesehen hatte, verschwand seine Traurigkeit, und es langweilte sich auch nicht mehr.
Schließlich wurde es wieder gesund, und die Kinder der Nachbarschaft durften es wieder besuchen, und sie brachten Geschenke und fragten: „War es nicht schrecklich, so allein?“
„Aber ich war doch gar nicht allein!“ sagte das Kind. „Bammel war bei mir und der kleine Wassermann und Madita und Pippi Langstrumpf und der Froschkönig und all die anderen alten Freunde!“
Und die Kinder der Nachbarschaft, die kaum ein Buch kannten, sperrten verwundert Mund und Nase auf und fragten eifersüchtig: „Aber wo sind sie denn geblieben, deine guten alten Freunde?“
„Da!“ sagte das Kind und lachte und zeigte auf das Bücherbrett an der Wand.

Inhalt

Unsere Fibel gliedert sich wie folgt:

- ⋆ **Texte des Lehrgangs**
- ⋆ **Ergänzende Texte**
- ⋆ **Texte für das weiterführende Lesen**

*Alle blau oder grau gedruckten **Texte im Lehrgang** sind Zusatzangebote. Sie gehören nicht zum grundlegenden Lehrgangsteil.*
*Die **ergänzenden Texte** sind teils Vorlese-, Nachsprech-, Spiel-, Bild-, Anregungsseiten; einige sind jahreszeitlich gebunden. Die meisten dienen der Ergänzung und Differenzierung des Leselehrgangs. Das Inhaltsverzeichnis weist aus, ab welcher Seite des Leselehrgangs diese Texte jeweils von den Schülern selbständig erlesen werden können.*

S. 4/5

komm | komm | komm | Tim | Tim

S. 6/7

Tim | i | i | i | m | m | m

S. 8/9

O | O | o | o | o | T | T | T | t | t | t

S. 10

M | M | M | a | a | a

S. 11

ein | ein | ein | F | F | F | f | f | f

S. 12/13

ist | ist | ist | das | das | das | L | L

l | l | und | und | und | K | K | k | k

Buchstaben- und Wörtertafel zu „Unsere Fibel“

Nicht einzeln lieferbar. Ersatzsortiment: 10 Stück im Streifband.

ISBN 3-12-**250611**-4

Klett

Zum Leselehrwerk **Unsere Fibel** gehören:

	Klett-Nr.
Schülerband (Druckschrift)	2506
Übungen	25061
Lehrerband	25066
Schreiblehrgang in Druckschrift	25064
Schreiblehrgang in Lateinischer Ausgangsschrift	25063
Schreiblehrgang in Vereinfachter Ausgangsschrift	25062
Schreiblehrgang in Schulausgangsschrift	250626

Quellenhinweise:
S. 2/3: Nach einem Motiv des Gedichts „Lesestunde" von Hans Baumann. Mit freundlicher Genehmigung des Autors. **S. 53:** Hans Stempel/Martin Ripkens, Augen auf. Aus: H. Stempel/M. Ripkens, Purzelbaum. Ellermann, München 1973. **S. 70:** Christian Morgenstern, Frühling. (Originaltitel: Der Frühling kommt bald.) Aus: Chr. Morgenstern, Gesammelte Werke. Piper, München 1965. **S. 71:** Hans Georg Lenzen, Die Treppe. (Leicht geänderte Fassung mit freundlicher Genehmigung des Autors: 3. Zeile im Original „Augenblicks wird Thomas munter.") Aus: H. G. Lenzen, Hasen hoppeln über Roggenstoppeln. Bertelsmann Jugendbuchverlag, München o. J. **S. 76:** Josef Guggenmos, Der Regenbogen. Aus: J. Guggenmos, Was denkt die Maus am Donnerstag. Deutscher Taschenbuch Verlag, München 1983. **S. 77:** Hoffmann von Fallersleben, Liebe Sonne. (Originaltitel: Bitte.) Aus: H. v. Fallersleben, Gesammelte Werke. Fontane Verlag, Berlin o. J. **S. 82:** Hans Stempel/Martin Ripkens, Bammel ruft Bozzo. Aus: H. Stempel/M. Ripkens, Bammel – Abenteuer eines Angsthasen. Ellermann, München 1973. **S. 83:** Peter Härtling, Sofie hat einen neuen Pullover. (Text leicht geändert.) Aus: P. Härtling, Sofie macht Geschichten. Beltz, Weinheim/Basel 1980 (Programm Beltz und Gelberg). **S. 88:** Gina-Ruck-Pauquèt, Ein Hund ist eben ein Hund. Aus: G. Ruck-Pauquèt, Gewittergeschichten für einen Hund. Otto Maier, Ravensburg 1980. **S. 91:** Marieluise Bernhard-von Luttitz, Bumfidel dichtet. (Text leicht geändert.) Aus: M. Bernhard-von Luttitz, Bumfidel lacht sich krank. Rowohlt, Reinbek 1975. **S. 91:** Janosch, Hexe Minka. Aus: Janosch, Rate mal, wer suchen muß. Parabel, München 1966. Janosch, Himmel Hölle. Aus: Hans-Joachim Gelberg (Hrsg.), Die Stadt der Kinder. Bitter Verlag, Recklinghausen 1969. **S. 92:** Hans Stempel/Martin Ripkens, Freunde. (Text leicht geändert.) Aus: H. Stempel/Martin Ripkens, Auch Kinder haben Geheimnisse. Ellermann, München 1973.

Bildnachweis:
S. 17: Dietrich Eberhardt, Hegnach. **S. 23, 34, 37, 40, 50, 79, 84, 85, 86, 87:** Hans-Dieter Bunk, Duisburg. **S. 26:** Lintas, Hamburg. **S. 30:** Klaus Paysan, Stuttgart. **S. 44:** Lindner/Anthony, Starnberg; Klaus Paysan, Stuttgart; Reinhard Tierfoto, Heiligkreuzsteinach-Eiterbach; Werkstatt Fotografie Ralph Grimmel, Stuttgart. **S. 51:** „Maus" © Westdeutscher Rundfunk. **S. 55:** © Claudius Verlag, München. **S. 57:** Dietrich/Rauch/Silvestris, Kastl; Freytag/Anthony, Starnberg. **S. 59:** Werkstatt Fotografie Ralph Grimmel, Stuttgart. **S. 60:** Typografie von Max Bartholl. **S. 81:** „Maus und Elefant" © Westdeutscher Rundfunk; Klaus Paysan, Stuttgart; Verlagsgesellschaft Schulfernsehen; „Micky Maus" © The Walt Disney Company, Frankfurt.

1. Auflage 1 10 9 8 7 6 | 1995 94 93 92 91

Alle Drucke dieser Auflage können im Unterricht nebeneinander benutzt werden, sie sind untereinander unverändert. Die letzte Zahl bezeichnet das Jahr dieses Druckes.

Redaktion: Friederun Schmitt, Verlagsredakteurin

Typographische Gestaltung: Edmund Hornung
Satz: Setzerei Lihs, Ludwigsburg
Druck: KLETT DRUCK H.S. GMBH, Korb
ISBN 3-12-250600-9